Μικρές Ιστορίες
σε Απλά Ελληνικά

Το περίπτερο στην Αριστοτέλους

Νένη Κολέθρα

To periptero stin
Aristotelous

εκδόσεις δέλτος

Τίτλος: Το Περίπτερο στην Αριστοτέλους
Συγγραφέας: Νένη Κολέθρα
© Copyright E. Αρβανιτάκη & Σία Ο.Ε.
ISBN 978-960-7914-34-7
Πρώτη Έκδοση: Δεκέμβριος 2007
4η Ανατύπωση: Οκτώβριος 2018

Επιμέλεια έκδοσης: Κλεάνθης Αρβανιτάκης
Εξώφυλλο: Κλεάνθης Αρβανιτάκης
Εικονογράφηση: Μαρία Θειοπούλου
Σελιδοποίηση: Ελένη Σγόντζου
Εκτύπωση και βιβλιοδεσία: ΦΩΤΟΛΙΟ & ΤΥΠΙΚΟΝ Α.Ε.

Εκδόσεις ΔΕΛΤΟΣ
Πλαστήρα 69, 17121 Νέα Σμύρνη, Ελλάς
tel: +30210-9322393
e-mail: info@deltos.gr   www.deltos.gr
DELTOS Publishing
69 Plastira St., 17121 Nea Smyrni, Athens, GR

Ο εκδότης ευχαριστεί θερμά την Πόπη Γιακομόγλου και τον
Γιάννη Κατσαούνη για την απόδοση του λεξιλογίου στα γαλλι-
κά και στα γερμανικά αντίστοιχα.

Η κυρία Σταυρούλα

«Γεια σας, κυρία Σταυρούλα, τι κάνετε;»

«Καλά, Μαράκι μου. Εσύ; Τι μαθαίνεις απ' το χωριό, απ' τους δικούς σου;»

«Ε, καλά. Ξέρετε τώρα. Τον μπαμπά τον πονάει η μέση του, η γιαγιά έχει τα πόδια της, ο παππούς δε βλέπει και η μαμά τρέχει για όλους. Τους φροντίζει, και **τ' ακούει κι από πάνω.**»

«Θα τη δούμε καθόλου;»

«Έρχεται την Παρασκευή για μερικές μέρες. Να πάρει λίγο αέρα... Κυρία Σταυρούλα, μου δίνετε έναν Άσο silver κι έναν αναπτήρα;»

«Δεν καπνίζεις εσύ;»

«Ε, αφού με ξέρετε τώρα. Είναι για έναν φίλο.»

«**Να** το **κόψει.** Δεν του κάνει καλό. Το γράφει και το κουτί, να: το κάπνισμα μπορεί **να σκοτώσει**».

«Μήπως δεν το ξέρει κι αυτός; Α ναι, κι ένα πακέτο **χαρτομάντιλα.** Πόσο κάνουν;»

«Τρία ευρώ και σαράντα λεπτά.»

«Τα έχω ακριβώς. Γεια σας, κυρία Σταυρούλα.»

«Γεια σου κορίτσι μου, ευχαριστώ και χαιρετισμούς στη μαμά σου. Ε, θα τη δω, όταν θα έρθει την Παρασκευή.»

Καλό κορίτσι το Μαράκι. Όλη η οικογένεια καλή. Απ' τα μέρη μας, εκεί στα χωριά της Καρδίτσας, στη Λίμνη

τ' ακούει κι από πάνω και μου μιλάνε άσχημα, και με μαλώνουν

κόβω (θα/να κόψω) το κάπνισμα σταματάω να καπνίζω

σκοτώνω (θα/να σκοτώσω) παίρνω τη ζωή κάποιου ανθρώπου ή ζώου

το χαρτομάντιλο

7

Πλαστήρα. Απ' το Νιοχώρι εκείνοι, απ' την Καρίτσα εμείς. Αυτοί που είναι απ' το Νιοχώρι είναι, βέβαια, πιο τυχεροί. Το Νιοχώρι είναι τουριστικό μέρος. Οι κάτοικοι νοικιάζουν δωμάτια σε τουρίστες, βγάζουν λεφτά. Το δικό μας το χωριό είναι πιο ψηλά και για την ώρα δεν είναι τουριστικό. Μόνο αυτοί που είναι από εκεί, ξαναφτιάχνουν τα σπίτια τους για να πηγαίνουν το καλοκαίρι...

«Συγνώμη, μήπως ξέρετε πού είναι η πλατεία Άθωνος;»
«Πρώτο στενό δεξιά, η πλατεία με τις πολλές ταβέρνες και τα **μεζεδοπωλεία**.»
«Ευχαριστώ πολύ. Α, και κάτι άλλο. Μήπως ξέρετε αν το τραγούδι 'Οδός Αριστοτέλους' με τη Χαρούλα Αλεξίου είναι γι' αυτόν εδώ τον δρόμο;»
«Και φυσικά. Για ποιον άλλον μπορεί να είναι;»
«Να, υπάρχουν κι αλλού Αριστοτέλους.»
«Όχι όμως σαν αυτή την Αριστοτέλους!»
«Έτσι λέτε, ε; Ευχαριστώ και πάλι, γεια σας.»
«Παρακαλώ. Στο καλό.»

Από πού είναι αυτός και δεν ξέρει την πλατεία Άθωνος; Μάλλον από νότια, γιατί δε μιλάει τα βορειοελλαδίτικα... Και λέει ότι υπάρχουν κι άλλες Αριστοτέλους. Μία είναι η Αριστοτέλους. Η δικιά μας. Εδώ στη Θεσσαλονίκη.

«Κυρία Σταυρούλα, μπορώ να σας αφήσω τα **κλειδιά**; Κι όταν έρθει ο αδερφός μου, τα παίρνει.»

το μεζεδοπωλείο εστιατόριο με μεζέδες

το κλειδί

«Εντάξει, κόρη μου.»

«Ευχαριστώ πολύ.»

«Νά 'σαι καλά.»

«Βλέπετε τι γίνεται με τα έργα του Μετρό;»

«Παντού **σκάβουν**. Τι **σκόνη** είναι αυτή! Και δεν περνάς εύκολα απέναντι. Αλλά θα έχουμε σε λίγο Μετρό κι εμείς! Όχι μόνο η Αθήνα.»

«Σωστά. Και θα μπορούμε να πηγαίνουμε όπου θέλουμε γρήγορα, όχι όπως τώρα με την **κίνηση** που έχει... Λοιπόν, γεια σας κυρία Σταυρούλα. Και πάλι ευχαριστώ.»

«Γεια σου, κορίτσι μου. Δεν κάνει τίποτα.»

*Η Θεσσαλονίκη, μια μεγάλη γειτονιά είμαστε. Ακόμα κι εδώ στο κέντρο, στην Αριστοτέλους που έχω το περίπτερο, όλους τους ξέρω και με ξέρουν. Η αλήθεια είναι πως κάθε τέσσερα με πέντε χρόνια αλλάζουν μερικοί, που είναι φοιτητές. Βέβαια, εδώ δε μένουν πολλοί. Είναι ακριβά τα νοίκια, βλέπεις. Αλλά εκεί που μένουμε εμείς, στην Καμάρα, οι φοιτητές είναι παντού. Μόνο στην πολυκατοικία μας έχουμε δύο φοιτητές και τρεις φοιτήτριες σε τρία διαμερίσματα. Καλά παιδιά, ήσυχα. Μόνο ο ένας, δε μ' αρέσει και πολύ. Η «**στρατηγίνα**», που τη λέει ο Μανόλης, λέει ότι αυτός φέρνει συνέχεια διαφορετικές κοπέλες στο διαμέρισμά του... Αλλά, πού το ξέρει εκείνη; Αυτή στον πρώτο όροφο κι αυτός στο διαμερισματάκι της*

η κίνηση τα αυτοκίνητα
που τρέχουν στους δρόμους
η στρατηγίνα η γυναίκα-
στρατηγός ή η γυναίκα του
στρατηγού

σκάβω  **η σκόνη**

ταράτσας. Ο άντρας της ήταν **στρατηγός, συνταξιού-**
χος *πια, κι εκείνη στρατηγό τον φωνάζει, όχι με τ' όνομά*
του. Παιδιά δεν έχουν. Εγώ νομίζω δεν αγαπάει τα παι-
διά. Θυμάμαι και με τα δικά μου... Όλο προβλήματα
ήταν τότε. Και τι να πεις; Η μισή πολυκατοικία είναι δικιά
τους. Κι εμείς έχουμε ένα τριάρι, εβδομήντα πέντε τετρα-
γωνικά μόνο. Δε λες πώς τό 'χουμε κι αυτό. Με τα λεφτά
από το **λαχείο,** *τότε. Διακόσιες χιλιάδες δραχμές. Πολλά*
λεφτά για εκείνη την εποχή.

Ο κυρ Μανόλης

«Άντε, γυναίκα, πήγαινε σπίτι πια. Η σειρά μου.»

«Καλά ντε. Να σε δω και λίγο.»

«Είκοσι πέντε χρόνια με βλέπεις. Δεν είναι αρκετά πια;»

«Γιατί για σένα είναι, ε;»

«Να την πάλι. Καλά λέω εγώ, δεν έχω Σταυρούλα, **σταυ-**
ρό έχω και **κουβαλάω.**»

«Τον σκύλο να τον πάρω μαζί μου;»

«Όχι, άσ' τον. Μου ζεσταίνει τα πόδια. Κάνει πολύ κρύο
σήμερα.»

«Μμμμ. Φυσάει ο **Βαρδάρης** πάλι. Λοιπόν, πάω στην
αγορά για κανένα ψαράκι και χόρτα, για φαγητό σήμε-
ρα. Τι λες;»

ο/η συνταξιούχος αυτός/
αυτή που δεν δουλεύει πια
το λαχείο χαρτί με έναν
αριθμό που κερδίζει λεφτά
ο Βαρδάρης δυνατός βόρει-
ος άνεμος στη Θεσσαλονίκη

ο στρατηγός

κουβαλάω
έναν σταυρό

11

«Καλή ιδέα. Πρέπει να έχει ψάρι σήμερα στην αγορά. Δεν έχει φεγγάρι... Αν έχει, πάρε **γαύρο** να τον κάνεις σαγανάκι.»

«Καλά. Ο μικρός είναι σπίτι;»

«Όχι, στο πανεπιστήμιο. Θα είναι εδώ στις εφτά, λέει. Για να δούμε.»

«Αλλιώς, πάρε με τηλέφωνο. Θα έρθω εγώ ξανά.»

«Κι η Ελένη;»

«Άσ' την, έχει να κάνει μάθημα στον γιο του Καραμπάτσου. Αύριο το πρωί εκείνη. Λοιπόν, πάω. Γεια σου.»

«Γεια.»

«Α ευτυχώς, είστε εσείς εδώ, κυρ Μανόλη.»

«Τι θες; Α, μη μου πεις. Βρε, ολόκληρο πακέτο, τέλος; Κιόλας! Μπράβο! Γιατί δεν παίρνεις τότε το μεγάλο κουτί, που είναι και πιο φτηνό;»

«Γιατί δεν έχω μία, κυρ Μανόλη. Τέλος του μήνα, βλέπετε...»

«Α, καλά, τότε. Άντε, είσαι για ένα ποτηράκι **ρακή**; Κάνει πολύ κρύο σήμερα.»

«Για ένα ποτηράκι, δε λέω όχι.»

«Στην υγειά σου, βρε! Και να την αγαπάς την κοπέλα. Όχι μόνο... Αυτά λέω και στον γιο μου.»

«Ε, πώς. Την αγαπάω. Άντε, στην υγειά μας, κυρ Μανόλη.»

«Πάρε και μια σοκολάτα για 'κείνη, από μένα, έτσι; Είναι καλή κοπέλα.»

ο γαύρος μικρό ψάρι
η ρακή δυνατό ποτό από σταφύλια

«Ευχαριστώ. Ναι, είναι καλή κοπέλα. Φεύγω τώρα. Γεια σας και τα λέμε πάλι, κυρ Μανόλη.»

«Στο καλό, Νίκο μου.»

«Συγνώμη, μήπως ξέρετε πού είναι ένας κύριος που πουλάει **κοσμήματα** σε **πάγκο** εδώ γύρω; Δε μιλάει καλά ελληνικά, Γερμανός είναι νομίζω...»

«Λίγο εδώ πιο κάτω στην Αριστοτέλους. Αλλά δεν είναι τώρα εκεί. Το απόγευμα ξανά. Γύρω στις έξι. Ή το πρωί, συνήθως δέκα με μία.»

«Ευχαριστώ. Δώστε μου ένα κουτάκι **τσίκλες** Χίου, χωρίς ζάχαρη, παρακαλώ. Και... εισιτήρια έχετε;»

«Ναι, μόνο δεν έχω φοιτητικά αυτή τη στιγμή.»

«Δύο κανονικά θα ήθελα. Τρία ευρώ για όλα;»

«Ναι, ευχαριστώ, κοπέλα μου.»

«Γεια σας.»

«Γεια σου.»

«Καλημέρα, Μανόλη.»

«Χαίρετε, κύριε Ιωαννίδη. Τι κάνετε;»

«Δώσ' μου καπνό, σπίρτα και την εφημερίδα μου. Α ναι, κι ένα μεγάλο νερό. Πόσο κάνουν;»

«Εφτά και εξήντα.»

«Δεν έχω καθόλου ψιλά. Έχεις ρέστα από πενηντάρι-κο;»

«Ε... λίγο δύσκολο. Δεν πειράζει, μου τα δίνετε αργότε-ρα ή αύριο.»

τα κοσμήματα δαχτυλίδια, βραχιόλια, κολιέ κτλ.

η τσίκλα

ο πάγκος

«Καλά. Γεια.»

«Γεια σας, κύριε Ιωαννίδη.»

Αμάν, αυτός ο άνθρωπος. Πάντα λίγα λόγια κι ούτε ένα χαμόγελο. Η γυναίκα του, μια πραγματική κυρία. Η κόρη του, μια κούκλα. Καλή φοιτήτρια και πολύ ευγενική. Αυτός καλός γιατρός, γνωστός γυναικολόγος. Μεγάλη πελατεία. Και μήπως δεν έχει λεφτά; Κάθε άλλο μάλιστα. Μήπως τα λεφτά σε κάνουν δυστυχισμένο τελικά; Μπα, δεν είναι κι έτσι. Κι η ζωή είναι τόσο μικρή... Α, μυρουδιές έρχονται από τον Τερκενλή. Πάλι ψήνει τα τσουρέκια του. Ζαχαροπλαστείο σε κεντρικό σημείο. Ο κόσμος περνάει, μυρίζει, βλέπει, μπαίνει μέσα κι αγοράζει. Αυτή είναι δουλειά... Βέβαια εμείς που ξέρουμε, βρίσκουμε ωραία γλυκά κι αλλού. Και πιο φτηνά.

«Γεια σας. Μήπως έχετε ασπιρίνες;»

«Όχι, αλλά έχω ντεπόν.»

«Ασπιρίνες θα ήθελα...»

«Τότε στο φαρμακείο, λίγο πιο πάνω δεξιά.»

«Ευχαριστώ. Αυτές οι **καραμέλες** πόσο έχουν;»

«Ογδόντα λεπτά.

«Ορίστε.»

«Ευχαριστώ.»

Ε, κι εμείς δε λέω, με το περίπτερο εδώ στην Αριστοτέλους, δεν τα πάμε άσχημα. Κάνουμε δουλίτσα. Να είμαστε καλά μόνο.

η μυρωδιά
(μυρουδιά)

το τσουρέκι

η καραμέλα

Η κυρία Σταυρούλα και η Ελένη

«Ωραία πράματα έχει η Αγορά σήμερα. Γεμάτη ψάρια και λαχανικά. Και όλα φρέσκα.»

«Τι έχεις εδώ στις **σακούλες**;»

«Γαύρο, χόρτα, μήλα, πορτοκάλια, λεμόνια και τυρί από τις Ρωσοπόντιες.»

«Τον γαύρο πώς θα τον κάνεις;»

«Σαγανάκι τον θέλει ο πατέρας σου.»

«Μμμμ, ωραίο φαγητό θα έχουμε σήμερα. Θέλεις βοήθεια με το καθάρισμα; Καθαρίζω εγώ τα χόρτα, εσύ κάνεις τον γαύρο. Την άλλη φορά πάρε και τυρί από το μαγαζί με τα τυριά στην Ερμού, έξω απ' την Αγορά. Μ' αρέσει το ανθότυρο και το κατσικίσιο που έχει.»

«Καλά, την επόμενη φορά παίρνω τυρί από εκεί.»

«Μαμά, πώς τον φτιάχνεις τον γαύρο σαγανάκι; Θέλει τη συνταγή η Δάφνη που είναι απ' την Αθήνα, κι εκεί δεν τον κάνουν έτσι. Απόψε θα τη δω, θα πάμε μια βόλτα.»

«Ε, είναι πολύ εύκολο. Δεν είναι τίποτα. Να, καθαρίζεις τα ψάρια και...»

«Μια στιγμή. Παίρνω χαρτί και μολύβι και γράφω. Πες μου τώρα.»

«Λοιπόν, θέλουμε μισό κιλό γαύρο ή άλλο μικρό ψαράκι, ένα τέταρτο του φλιτζανιού χυμό λεμόνι, ένα τέταρτο του φλιτζανιού ελαιόλαδο, μία **καυτερή** πιπεριά,

---

η σακούλα    **καυτερός** που καίει τη γλώσσα

ένα φλιτζανάκι νερό, ένα τέταρτο του φλιτζανιού μαϊντανό ψιλοκομμένο, αλάτι, πιπέρι και ρίγανη.

Καθαρίζουμε τα ψάρια. Κόβουμε τα κεφάλια τους και τα αλατίζουμε. Σε ένα μεγάλο **τηγάνι** βάζουμε το λάδι με το νερό στη φωτιά, την πιπεριά, το πιπέρι και τη ρίγανη. Όταν αρχίζει να **βράζει**, ρίχνουμε τα ψάρια και τα βράζουμε για περίπου 20-30 λεπτά. Αν τελειώσει το νερό, βάζουμε λίγο ακόμα. Στο τέλος προσθέτουμε τον μαϊντανό και το λεμόνι.

Το φαγητό πρέπει να έχει αρκετό **ζουμί**. Βουτάς και ψωμί στο ζουμάκι, και **είναι... μούρλια**.»

Ο Γιωργής

«Γειαααα.»

«Τι ώρα είναι αυτή; Πού ήσουν μέχρι τώρα; Γεια σου, Δημήτρη.»

«Γεια σου, κυρ Μανόλη.»

«Ε, είναι και το φεστιβάλ κινηματογράφου, βλέπεις. Απ' το Ολύμπιον ερχόμαστε. Για μας τους φοιτητές είναι **δωρεάν** κάποιες ταινίες. Ε, τις **χάνεις**; Δεν τις χάνεις. Κρίμα είναι.»

«Καλή η ταινία;»

«Πολύ καλή για μας. Για σένα μάλλον όχι.»

«Καλά. Λοιπόν εγώ πηγαίνω, γιατί πεθαίνω στην πείνα.»

το ζουμί η σάλτσα
είναι μούρλια είναι πάρα πολύ ωραίο
δωρεάν χωρίς λεφτά

χάνω μια ταινία δεν μπορώ να πάω να δω μια ταινία που θέλω να δω

το τηγάνι   **βράζω**

«Άντε γεια... Α, τι φαγητό έχουμε σήμερα;»

«Ψάρι και χόρτα.»

«Α, καλά. Εγώ θα φάω κανένα σουβλάκι.»

«Πάλι σουβλάκι. Δεν τρως και κάτι πιο καλό;»

«Γιατί; Τα ψάρια καλά είναι; Ξέρεις ότι είναι και αυτά μολυσμένα;»

«Καλά, δε σε καταλαβαίνω εσένα. Άκου, τα ψάρια είναι μολυσμένα! Εγώ ξέρω ότι κάνουν καλό, όταν μάλιστα διαβάζεις. Αλλά εσύ, φαίνεται, ξέρεις άλλα. Άντε, φεύγω εγώ. Γεια σας.»

«Γειααα.»

«Αυτή δεν είναι η κόρη του γιατρού, Γιωργή;»

«Ναι.»

«Πόπο! Κούκλα είναι!»

«Ναι, ρε. Τι σου λέω;»

«Γεια σου, Μυρτώ.»

«Γεια σου, Γιωργή.»

«Μυρτώ, ο φίλος μου ο Δημήτρης.»

«Γεια σου, Δημήτρη. Γιωργή, δώσε μου, σε παρακαλώ, μια κάρτα για το κινητό μου.»

«Των είκοσι;»

«Ναι, ναι... Ο πατέρας μου επάνω είναι;»

«Δεν ξέρω. Κι εμείς λίγη ώρα είμαστε εδώ.»

«Α, καλά. Ανεβαίνω έτσι κι αλλιώς.»

«Δε σε βλέπω στο πανεπιστήμιο τελευταία.»

«Ναι, έχω μόνο τρία μαθήματα κι ετοιμάζω τη **διπλω-
ματική** μου.»

«Κιόλας! Εμείς, έχουμε καιρό ακόμα. Έτσι δεν είναι,
Δημήτρη;»

«Στην ίδια σχολή είστε;»

«Ναι, και στο ίδιο **έτος**, στο τέταρτο. Έχουμε πολλά
μαθήματα όμως ακόμα.»

«Λοιπόν, πάω τώρα. Τα λέμε.»

«Ναι, γεια.»

«Γεια σας. Δημήτρη, τι κάνεις; Καιρό έχω να σε δω.»

«Γεια σου, Ελένη. Πώς πάει;»

«Ε, καλά. Διάβασμα έχω πολύ, και κάνω και μαθήμα-
τα σε παιδάκια...»

«Πώς από 'δώ, Ελενίτσα μας; Για το περίπτερο;»

«Όχι, η σειρά σου δεν είναι, Γιωργή; Εγώ αύριο. Είμαι
εδώ για τον γιατρό. Έχω ραντεβού. Επάνω πρέπει να
είναι, ε;»

«Ναι, επάνω πρέπει να είναι. Τι έχετε όλες με τον για-
τρό σήμερα;»

«Όλες; Ποιες όλες, δηλαδή;»

«Να, η Μυρτώ...»

«Α, είναι η Μυρτώ επάνω; Ωραία. Έτσι θα τη δω κιόλας.
Πάω λοιπόν. Θα σας δω μετά.»

η διπλωματική η εργασία   **το έτος** ο χρόνος
που γράφει ο φοιτητής για να
πάρει το πτυχίο (το δίπλωμα)
του

Το όνειρο

«Μμμμμμ, χεχεχε ααααααααααα...»

*Μα τι κάνει η Σταυρούλα; Φωνάζει, γελάει, ξαναφωνά-
ζει στον ύπνο της; Όνειρο βλέπει; Τώρα μοιάζει στεναχω-
ρημένη... Τι να κάνω, να την ξυπνήσω; Τι ώρα είναι; Έξι
και μισή. Ε, ώρα είναι πια να ξυπνήσει.*

«Σταυρούλα!»

«Μμμ, μμμ.»

«Σταυρούλα, βλέπεις όνειρο...»

«Ε, τι είναι; Πού είμαι; Μανόλη, ευτυχώς. Όνειρο, ε;
Και πολύ περίεργο μάλιστα. Είμαι που λες, μέσα στο
περίπτερο και ξαφνικά αρχίζω να **πετάω**. Μαζί με το
περίπτερο. Κοιτάω έξω και βλέπω το περίπτερο πάνω
σ' ένα **χαλί** που πετάει.»

«Ένα **μαγικό** χαλί, δηλαδή.»

«Ναι, ένα μαγικό χαλί. Και είμαι ψηλά, και βλέπω κάτω
τη Θεσσαλονίκη, και μετά πετάμε προς τη θάλασσα.
Είμαι πάνω από τη θάλασσα. Κι εκείνη τη στιγμή φεύ-
γει το χαλί από κάτω και πέφτω, πέφτω μαζί με το περί-
πτερο. Και λέω μέσα μου, πάει, πεθαίνω. Εκεί ακούω
τη φωνή σου.»

«Πολύ αστείο όνειρο. Το περίπτερο πάνω σε χαλί που
πετάει. Άντε όμως, ώρα να πάμε ν' ανοίξουμε.»

ένα **μαγικό χαλί** που **πετάει**

Αργά το επόμενο βράδυ στο περίπτερο

*Βρέχει, φυσάει και κάνει πάρα πολύ κρύο απόψε. Γι' αυτό κανείς δεν είναι έξω. Πώς μπορείς να βγεις με τέτοιο καιρό; Τι ώρα είναι; Έντεκα. Άντε, μαζεύω τα πράγματα απ' έξω και το κλείνω πιο νωρίς απόψε. Είμαι **παγωμένος**. Κι έχω μία πείνα! Λίγη ζεστή σούπα που μου έχει έτοιμη η Σταυρούλα, και τίποτ' άλλο. Όλα εντάξει, **κλειδώνω** και φεύγω. Ωχ, τι συμβαίνει; **Πιστόλι** είναι αυτό πίσω από τ' αυτί μου;*

«Μη μιλάς καθόλου. Κλειδώνεις κι έρχεσαι μαζί μας τώρα αμέσως. Και δείχνεις ότι μας ξέρεις. Ότι είμαστε η παρέα σου.»

«Μα, εγώ δε... Να, πάρτε είκοσι πέντε ευρώ. Τόσα έχω. Μ' αυτό τον καιρό κανείς...»

«Σου ξαναλέω, ούτε λέξη. Ακούς; Έλα μαζί μας και μην κάνεις καμιά ανοησία. Έχεις παιδιά και γυναίκα. Άντε, πάμε. Στ' αυτοκίνητο γρήγορα. Γιάννη, βάλε του την **κουκούλα** τώρα.»

*Αχ, Παναγία μου! Τι είναι αυτό πάλι; Ποιοι είναι αυτοί οι τρεις; Πού με πάνε; Και με κουκούλα. Γιατί; Και είναι κάπου μακριά με **στροφές**, πολλές στροφές. Φοβάμαι. Κι εσύ, Σταυρούλα μου, που με περιμένεις. Τι αγωνία θα έχεις! Θα περιμένεις και θα έχεις έτοιμη και τη σουπίτσα*

παγωμένος πάρα πολύ κρύος
κλειδώνω κλείνω με κλειδί

το πιστόλι

η κουκούλα

η στροφή

μου, και μετά θα κρυώσει. Ποιος ξέρει, θα σας ξαναδώ εσένα και τα παιδιά;

«Μα πού με πάτε;»

«Μακριά.»

«Μα γιατί;»

«Φτάνει. Δεν μπορώ ν' ακούω τις ερωτήσεις σου... Εδώ είμαστε. Έξω απ' τ' αυτοκίνητο τώρα. Σε κρατάμε. Έλα, πήγαινε. Έχει **σκαλιά** εδώ. Γρήγορα μέσα. Τώρα βγάλτε του την κουκούλα. Κάθισε στην καρέκλα. Να, φάε ψωμί και τυρί και μετά στο κρεβάτι για ύπνο. Η πόρτα θα είναι **κλειδωμένη**. Δεν μπορείς να φύγεις. Και μη φωνάξεις, κανείς δεν μπορεί να σ' ακούσει.»

«Μα γιατί εγώ;»

«Ούτε λέξη, σου λέω. Απ' έξω θα είναι ο Γιάννης. Κι αυτός... κρατάει πιστόλι.»

Αχ, Σταυρούλα μου, αχ, Ελένη και Γιωργή μου, τι είναι αυτό που μου συμβαίνει; Θα σας ξαναδώ άραγε;

Το ίδιο βράδυ στο σπίτι

«Μάνα, πού είναι ο πατέρας;»

«Δεν είναι εδώ ακόμα κι είναι αργά. Ανησυχώ. Πριν μιάμιση ώρα στο τηλέφωνο ήταν έτοιμος να κλείσει το περίπτερο... Πού είναι μετά από τόση ώρα και μ' αυτόν τον καιρό;»

κλειδωμένος κλειστός με κλειδί

 **τα σκαλιά**

«Μαμά, ο Δημήτρης λέει ότι ο μπαμπάς ήταν με τρεις άλλους σ' ένα αυτοκίνητο Lada, λέει, τζιπ. Μαμά, τι γίνεται; Πού είναι ο μπαμπάς και με ποιους;»

«Δεν ξέρω, Γιωργή μου. Τι να πω; Τζιπ Niva μόνο ο ξάδερφός του ο Αλέκος, που είναι στο χωριό, έχει. Αλλά τι, είναι εδώ ο Αλέκος; Λες να τα πίνουν σε καμιά ταβέρνα μαζί; Αυτό θα είναι. Αλλά πάλι, ούτε ένα τηλέφωνο; Πολύ περίεργο. Δεν καταλαβαίνω. Θα περιμένουμε όμως. Τι άλλο μπορούμε να κάνουμε;»

«Μήπως πρέπει να τηλεφωνήσουμε στην αστυνομία;»

«Αστυνομία; Τι τη θέλουμε εμείς την αστυνομία; Θα δεις, ο μπαμπάς θα έρθει κάποια στιγμή.»

Η Ελένη και η Δάφνη στην Πάνω Πόλη

«Πολύ καλή η ιδέα σου, Ελένη. Η Πάνω Πόλη είναι πάντα ωραία, και με βροχή ακόμα.»

«Ε, είναι ωραία σ' αυτή την ταβέρνα, δίπλα στο παράθυρο και με το **τζάκι**...»

«Και όλοι αυτοί οι μεζέδες! Τέλειοι είναι. Δυστυχώς δεν μπορώ άλλο... το στομάχι μου.»

«Κι εγώ το ίδιο.»

«Συγνώμη, τον λογαριασμό παρακαλώ.»

«Αμέσως. Το γλυκό σας πρώτα.»

το τζάκι

«Πόπο, **καζάν ντιμπί**! Το αγαπημένο μου.»

«Ε, τώρα τι κάνουμε; Μπορούμε ν' αφήσουμε τέτοιο γλυκό; Δεν μπορούμε.»

«Την επόμενη φορά αν δε βρέχει, θα πάμε βόλτα στην παραλία και μετά για φαγητό στην ταβέρνα του Κρικέλα, στη Νέα Κρήνη.»

«Ναι, καλή ιδέα. Λοιπόν, γεια σου κι ευχαριστώ τη μαμά σου κι εσένα για τη **συνταγή**. Θα την κάνω σύντομα.»

«Ναι, κάνε την. Σου λέω, το μεσημέρι ο γαύρος ήταν τέλειος. Καληνύχτα και... καλή επιτυχία.»

Τα ξημερώματα

«Έλα, λίγο ακόμα. Τώρα είμαστε κοντά. Νομίζω είμαστε κάτω απ' το περίπτερο. Η **πυξίδα** αυτό δείχνει.»

«Αφεντικό, είναι σχεδόν πέντε η ώρα.»

«Έλα, άσ' τα λόγια. Δουλειά.»

«Δεν υπάρχει τίποτε.»

«Δεν μπορεί. Κάποιο λάθος κάνουμε.»

«Δεν ξέρω, αλλά τώρα πια η ώρα είναι πέντε. Πρέπει να σταματήσουμε. Θα μας ακούσουν απ' το Μετρό. Σε λίγο πιάνουν δουλειά.»

«Να πάρει... Το βράδυ πάλι.»

«Με τον γέρο τι κάνουμε;»

το καζάν ντιμπί
τούρκικο γλυκό με γάλα

η συνταγή αυτό που μας λέει πώς φτιάχνουμε ένα φαγητό ή ένα γλυκό

 **η πυξίδα**

«Οχ, είναι κι αυτός. Ε, μέχρι να τις βρούμε, θα τον κρατήσουμε.»

«Αλλά, γιατί τον έχουμε εδώ;»

«Ε... ίσως είναι χρήσιμος.»

«Σε τι;»

«Ξέρω 'γώ; Τώρα μου κάνεις την ερώτηση, ρε;»

«Οχι, να... λέω, δηλαδή.»

«Για να τον έχουμε εδώ, έτσι πρέπει.»

«Ναι, έτσι πρέπει.»

«Είμαι πολύ κουρασμένος. Πάω για ύπνο.»

«Κι εγώ. Θα τις βρούμε όμως αύριο τις **πλάκες χρυσού**, ε αφεντικό;»

«Ναι, ρε. Αφού σου λέω, εγώ με τα ίδια μου τα χέρια... μέσα σ' ένα **μεταλλικό** κουτί... βαθιά κάτω απ' το περίπτερο... ήταν δικό μου τότε το περίπτερο... πριν να με πάνε στη **φυλακή**.»

Το επόμενο πρωί

«Μαμά, κανένα νέο απ' τον μπαμπά;»

«Τίποτα, παιδάκια μου. Όλη τη νύχτα περιμένω στο παράθυρο. Πολύ φοβάμαι ότι κάτι κακό συμβαίνει.»

«Λοιπόν, θα πάρουμε τηλέφωνο πρώτα στα νοσοκομεία και αν δεν μάθουμε τίποτε, μετά θα πάρουμε στην αστυνομία.»

μεταλλικός από μέταλλο

οι πλάκες χρυσού

η φυλακή

25

«Εγώ θα πάω στο περίπτερο. Το περίπτερο πρέπει να είναι ανοιχτό. Κι ο... ο πατε.. ε... έρας σας ε... ε... έτσι θα το θέλει, ό,τι κι α...αν συμβαίνει... ει... ει...»

«Έλα, μαμά. Μην κλαις. Θα δεις, θα είναι καλά ο μπαμπάς. Εμείς μόλις έχουμε νέα, θα σε πάρουμε τηλέφωνο.»

«Αχ, καλά να είναι, και δε θέλω τίποτ' άλλο.»

Η κυρία Σταυρούλα στο περίπτερο

*Όλα εδώ απ' έξω δείχνουν εντάξει. Το περίπτερο είναι κλειδωμένο κανονικά. Και μέσα όλα καλά είναι. Για... μια στιγμή όμως. Τι είναι αυτά κάτω στο πάτωμα; Το **κασκόλ** και το **σκουφί** του! Περίεργο. Ο Μανόλης δε φεύγει ποτέ χωρίς το κασκόλ και το σκουφί του. Και κάτω στο πάτωμα! Νομίζω ότι κάτι θέλει να μας πει μ' αυτό. Κι η ομπρέλα του εδώ. Με τέτοια βροχή, ο Μανόλης δε φεύγει χωρίς ομπρέλα. Ποτέ. Καμιά φορά την ξεχνάει, αν δε βρέχει εκείνη την ώρα. Αλλά χτες με τέτοια βροχή όλη μέρα κι όλη νύχτα... Τώρα αμέσως θα τηλεφωνήσω στα παιδιά να τους το πω. Α, χτυπάει το τηλέφωνο. Λες;»*

«Μανόλη;»

«Μαμά, έρχεται σε λίγο εκεί η αστυνομία να ρωτήσει κάποια πράγματα. Δηλαδή ο κύριος Καραμπάτσος έρχεται. Τον ξέρεις, που κάνει μάθημα στον γιο του η Ελένη.»

το σκουφί

το κασκόλ

«Ναι, Γιωργή μου, έτσι πρέπει. Γιατί εδώ είναι το κασκόλ, το σκουφί και η ομπρέλα του πατέρα σας. Φεύγει ο πατέρας σας ένα βράδυ σαν και χτες με τέτοια βροχή και κρύο χωρίς κασκόλ, σκουφί κι ομπρέλα; Δε φεύγει. Σίγουρα κάτι κακό συμβαίνει.»

«Μαμά, ερχόμαστε αμέσως κι εμείς από 'κεί.»

«Καλημέρα, Σταυρούλα. Εσύ είσαι σήμερα το πρωί; Όχι ο Μανόλης;»

«Αχ, κύριε Ιωαννίδη μου, τι να σας λέω. Ο Μανόλης μου δεν ξέρω πού είναι από χτες το βράδυ. Πάει ο... ο... Μανόλης μου... ου... ου...»

«Μα τι είναι αυτά που λες; Δεν καταλαβαίνω. Πώς... πάει; Έλα, μην κλαις τώρα.»

«Δεν ξέρουμε εκείνος πού είναι, αλλά το κασκόλ του, το σκουφί του και η ομπρέλα του είναι εδώ στο περίπτερο από χτες το βράδυ. Να εδώ κάτω στο πάτωμα. Είμαι σίγουρη πως θέλει να μας πει κάτι.»

«Θα τον βρούμε, μην ανησυχείς. Τώρα αμέσως παίρνω τηλέφωνο εγώ στην αστυνομία. Έχω γνωστούς εκεί, θα ψάξουν και θα τον βρουν. Και ό,τι άλλο χρειάζεσαι σε μένα, εντάξει;»

«Σας ευχαριστώ, κύριε Ιωαννίδη. Να είστε καλά.»

«Δώσε μου τώρα έναν αναπτήρα. Και παίρνω κι αυτόν τον χυμό. Και πληρώνω μαζί και αυτά που χρωστάω. Να δέκα ευρώ. Και μη **στεναχωριέσαι**, έτσι; Θα τον

στενοχωριέμαι (στεναχωριέμαι)   λυπάμαι

βρούμε τον Μανόλη και θα είναι καλά. Είμαι σίγουρος.»

«Ευχαριστώ, κύριε Ιωαννίδη μου. Να είστε πάντα καλά κι εσείς και η οικογένειά σας.»

Μπράβο ο Ιωαννίδης! Συνήθως δε μιλάει σχεδόν καθόλου. Αλλά τώρα με τα άσχημα νέα για τον Μανόλη... Αμέσως θα τηλεφωνήσω εγώ στην αστυνομία, και μην ανησυχείς Σταυρούλα και θα τον βρούμε... Μωρέ καλός είναι τελικά ο άνθρωπος.

Ο κύριος Καραμπάτσος

«Καλημέρα, κυρία Σταυρούλα. Είμαι ο Καρα...»

«Ναι, ξέρω. Τι κάνετε, κύριε Καραμπάτσο; Για μας... ξέρετε.»

«Ναι, ξέρω. Πολύ λυπάμαι αλλά σίγουρα θα τον βρούμε. Ξέρετε τίποτα να μου πείτε που θα βοηθήσει;»

«Να, το κασκόλ και το σκουφί του ήταν κάτω στο πάτωμα το πρωί. Κι η ομπρέλα του είναι εδώ. Και ο Μανόλης δε φεύγει ποτέ χωρίς αυτά το βράδυ. Και με τέτοιον καιρό χτες βράδυ. Νομίζω ότι κάτι δείχνουν όλα αυτά.»

«Έτσι ε; Πόσων χρονών είναι; Μήπως ξεχνάει τελευταία ο κύριος Μανόλης;»

«Ο Μανόλης μου; Θυμάται σαν **ελέφαντας**.»

«Μήπως δείχνει κάτι περίεργο τελευταία; Μήπως είναι ανήσυχος ή στενοχωρημένος για κάτι;»

«Τίποτα. Μια χαρά ήταν. Όπως πάντα.»

«Με τι ρούχα ήταν χτες βράδυ;»

«Γκρι παντελόνι, καρό πουκάμισο, μπλε πουλόβερ και μαύρο μπουφάν.»

«Η Ελένη θα μου φέρει μια φωτογραφία του. Μπορώ να έχω το σκουφί του στο **τμήμα** για λίγο; Για να το μυρίσει ο **σκύλος**.»

«Βέβαια, να και το κασκόλ.»

«Ένα πράγμα είναι αρκετό. Γρήγορα θα έχουμε καλά νέα. Είμαι σίγουρος.»

«Μακάρι, Παναγίτσα μου. Να είναι μόνο καλά και τίποτ' άλλο. Σας ευχαριστώ πολύ για ό,τι κάνετε, κύριε Καραμπάτσο μου. Ο Θεός να σας έχει καλά, εσάς και την οικογένειά σας.»

Ένας άντρας

*Α, σήμερα βγαίνει το περιοδικό Passport. Να πάω στο περίπτερο απέναντι. Πρώτα όμως, λεφτά από το **ATM**... Εντάξει. Και τώρα στο περίπτερο. Τι θόρυβος είναι αυτός;»*
Μα... πού είναι το περίπτερο; Μπα! Τι συμβαίνει;

το (αστυνομικό) τμήμα εκεί που δουλεύουν οι αστυνομικοί
το ATM (έι τι εμ) το μηχάνημα που μας δίνει χρήματα

ο σκύλος

ο ελέφαντας

Η κυρία Σταυρούλα πέφτει

*Οχ, τι γίνεται; Παναγίτσα μου! Πάλι **σεισμός** στη Θεσσαλονίκη; Αχ, το περίπτερο. Πέφτω μαζί με το περίπτερο. Το όνειρο... βγαίνει αληθινό... πάει... **πεθαίνω**... Μανόλη μου, Ελένη μου, Γιωργή μου, σας χάνω. Τι κακό είναι αυτό!*

*...Πού είμαι; Είμαι ζωντανή ή πεθαμένη; Κι όλα αυτά τα πράγματα πάνω μου. Δεν μπορώ να κουνήσω τίποτα. **Μυρίζω** σοκολάτες... είναι στο πρόσωπό μου. Πονάω... Και **είναι** πολύ **σκοτεινά**. Ακούω φωνές; Όχι; Κλείνουν τα μάτια μου... Πάει, ποιος ξέρει, εδώ θα μείνω μάλλον για πάντα μαζί με τις σοκολάτες...*

ο σεισμός όταν τρέμει η γη
πεθαίνω σταματάω να ζω, δεν ζω πια
είναι σκοτεινά δεν έχει φως

 μυρίζω

Ένας μηχανικός του Μετρό με έναν δημοσιογράφο

«Μα πώς γίνεται; Έτσι πέφτει ολόκληρο περίπτερο δέκα πέντε μέτρα μέσα στη γη, κύριε Αποστολόπουλε;»

«Είναι περίεργο, αλήθεια. Δε φταίει όμως μόνο το Μετρό. Εμείς με τα μηχανήματα για το Μετρό είμαστε πολύ πιο κάτω από το περίπτερο. Βέβαια το χώμα είναι μαλακό σ' αυτό το μέρος. Όμως, το πρόβλημα ήταν και με το άλλο μικρό τούνελ ανάμεσα. Ξέρετε, αυτό για τις πλάκες χρυσού, που οι τρεις...»

«Ναι, ξέρω, απ' το άρθρο στην εφημερίδα μας. Τι ιστορία κι αυτή! Ευτυχώς που οι άνθρωποι που έχουν το περίπτερο είναι τουλάχιστον καλά.»

«Ναι, μόνο η κυρία Σταυρούλα, η σύζυγος, είναι στο νοσοκομείο, αλλά ευτυχώς χωρίς σοβαρό πρόβλημα. **Τυχερή** ήταν.»

«Θα πάρει κάποια χρήματα από το Μετρό;»

«Βέβαια. Το Μετρό θα πληρώσει το νοσοκομείο. Θα πληρώσει και για το περίπτερο. Θα το φτιάξουμε και θα είναι όπως ήταν και καλύτερο ακόμα. Αλλά απ' αυτά που ακούω, η Τράπεζα θα δώσει το 5% από τις πλάκες χρυσού που ήταν κάτω από το περίπτερο. Θα είναι σχεδόν πλούσια μετά απ' αυτό η κυρία Σταυρούλα.»

τυχερός αυτός που έχει τύχη

«Τη θυμάμαι τώρα αυτή την ιστορία με τη **ληστεία**. Ήταν στην πρώτη σελίδα σ' όλες τις εφημερίδες για καιρό τότε.»

«Ναι, ξέρω. Κι όλα αυτά πριν είκοσι ακριβώς χρόνια.»

Στο νοσοκομείο

«Πού είμαι; Είμαι ζωντανή; Μανόλη, εσύ εδώ;»

«Ναι, Σταυρούλα μου. Εδώ κοντά σου.»

«Με το περίπτερο... όνειρο ήταν πάλι, Μανόλη μου;»

«Όχι, αυτή τη φορά δεν ήταν όνειρο.»

«Πονάω. Το κεφάλι μου, τα πόδια μου, η μέση μου...»

«Φυσικό είναι να πονάς ακόμα. Δέκα πέντε μέτρα κάτω, είναι πολλά. Δεν έχεις όμως τίποτα σοβαρό. Αλλά οι γιατροί θα σε κρατήσουν λίγο ακόμα.»

«Οι γιατροί; Πού είμαι;»

«Στο νοσοκομείο, αλλά σε δυο τρεις μέρες θα είσαι έξω, στο σπίτι μας.»

«Το περίπτερο πάει, Μανόλη, ε;»

«Θα το ξαναφτιάξουμε. Να είμαστε καλά μόνο.»

«Ναι. Εσύ, καλά είσαι;»

«Ναι, καλά είμαι. Μην ανησυχείς.»

«**Νυστάζω** τόσο. Αλλά πες μου, πώς...;»

«Κλείσε τα μάτια σου τώρα. Έχουμε καιρό για να τα πούμε αυτά αργότερα.»

η ληστεία   όταν κάποιοι κλέβουν λεφτά από μια τράπεζα
νυστάζω   θέλω να πάω για ύπνο

Η κυρία Σταυρούλα στο σπίτι

«Πόπο, λουλούδια! Ποτέ στη ζωή μου δεν είχα τόσα λουλούδια!»

«Ναι, Σταυρούλα μου. Όλα για σένα. Αυτά από τα παιδιά. Η **γλάστρα** από μένα. Αυτά από το Μετρό κι εκείνα από την Τράπεζα.»

«Απ' το Μετρό; Απ' την Τράπεζα;»

«Ναι, θυμάσαι εκείνη τη μεγάλη ληστεία πριν είκοσι χρόνια με τις πλάκες χρυσού;»

«Γι' αυτή που... ο περιπτεράς που είχε τότε το δικό μας περίπτερο είναι στη φυλακή;»

«Δεν είναι πια στη φυλακή. Ή μάλλον στη φυλακή είναι ξανά.»

«Ξανά;»

«Ναι, γιατί μετά από είκοσι χρόνια φυλακή, ήταν ελεύθερος. Αλλά οι πλάκες χρυσού ήταν πάντα βαθιά κάτω από το περίπτερό μας.»

«Κάτω από το περίπτερό μας;»

«Ναι, ναι, κάτω από το περίπτερό μας.»

«Είκοσι χρόνια πλούσιοι, δηλαδή, χωρίς να το ξέρουμε.»

«Ακριβώς.»

«Κι εσύ, πες μου, πού...;»

«Θα σου τα πω όλα. Τώρα που τα ξέρω κι εγώ. Γιατί στην αρχή... Άσ' τα. Που λες, εκείνο το βράδυ με τη βροχή, μετά το τηλεφώνημα με σένα, εκεί που είμαι έτοιμος

η γλάστρα

να φύγω, καταλαβαίνω ένα πιστόλι πίσω στο κεφάλι μου, κι ακούω κάποιον να μου λέει να κλείσω το περίπτερο και να πάω μαζί του. Είναι τρεις, με βάζουν σ' ένα αυτοκίνητο και μου βάζουν μια κουκούλα στο κεφάλι. Νομίζω ότι με πάνε κάπου μακριά μετά από πολλές στροφές. Αυτό που κάνουν όμως είναι να με πάνε γύρω από το τετράγωνο μερικές φορές και να νομίζω έτσι ότι είναι μακριά. Μετά με βάζουν σε μια πολυκατοικία και κατεβαίνουμε σ' ένα διαμέρισμα στο υπόγειο. Εκεί με κλείνουν σ' ένα δωμάτιο και μου λένε ότι απ' έξω είναι κάποιος που έχει πιστόλι. Εγώ, βέβαια, δεν ξέρω ότι αυτή η πολυκατοικία είναι δίπλα στο περίπτερό μας, στην Αριστοτέλους. Τη νύχτα σκάβουν από το διαμέρισμα ένα μικρό τούνελ. Θέλουν να βρουν το μεταλλικό κουτί με τις πλάκες χρυσού που είναι κάτω από το περίπτερο. Έχουν μαζί τους μια πυξίδα. Αλλά η πυξίδα τούς δείχνει λάθος, γιατί πιο κάτω μέσα στη γη υπάρχει πολύ μέταλλο από τα μηχανήματα του Μετρό. Έτσι, την πρώτη νύχτα δε βρίσκουν το κουτί. Το πρωί αρχίζουν τα μηχανήματα του Μετρό να σκάβουν ακριβώς κάτω από το περίπτερο, και τότε πέφτει το περίπτερο με σένα μέσα. Έρχεται η αστυνομία, κι όταν πάνε να σε βγάλουν, βρίσκουν το κουτί με τις πλάκες χρυσού, αλλά και το τούνελ για το διαμέρισμα. Τότε αρχίζει να γαβγίζει ο σκύλος του Καραμπάτσου, που είναι εκεί κοντά και καταλαβαίνει τη μυρωδιά μου. Έτσι βρίσκουν εμένα και τους τρεις κλέφτες... που κοιμούνται ακόμα!»

«Φοβερή ιστορία! Δεν ξέρω τι να πω πια. Χαίρομαι μόνο που είμαστε καλά μετά απ' όλα αυτά. Τίποτε άλλο. Μμμμ! Τι μυρίζει έτσι ωραία;»

«Η Ελένη με τη Δάφνη, τον Γιωργή και τον Δημήτρη μαγειρεύουν. Ετοιμάζουν ένα πάρτι για να το γιορτάσουμε.»

«Ελένη, για πες μου, τι μαγειρεύετε;»

«Εγώ φτιάχνω σουτζουκάκια με ρύζι, η Δάφνη πίτα με τυρί και πράσο, και ο Γιωργής με τον Δημήτρη ετοιμάζουν **μπουγιουρντί** και τις σαλάτες.»

«Πρασόπιτα με τυρί; Μπράβο, Δάφνη.»

Όλοι στο πάρτι

«Σταυρούλα, θα είναι στο πάρτι ο κύριος Αποστολόπουλος, μηχανικός από το Μετρό, η κυρία Κώστογλου από την Τράπεζα, ο κύριος Καραμπάτσος, και ο κύριος Ιωαννίδης με τη γυναίκα του. Μωρέ, ξέρεις, καλός είναι κι ο Ιωαννίδης.»

«Πόπο! Όλοι αυτοί στο σπίτι μας! Κι εγώ θα είμαι σε μια καρέκλα.»

το μπουγιουρντί ντομάτες και πράσινες πιπεριές με τυρί φέτα στον φούρνο

«Μην ανησυχείς. Τα παιδιά τα έχουν όλα σχεδόν έτοιμα. Θα βοηθήσει και η Μυρτώ.»

«Κυρία Σταυρούλα και κύριε Μανόλη, ένα δώρο από το Μετρό για σας, μαζί με τη συγνώμη μας.»

«Μα, κι άλλο; Αφού στο νοσοκομείο... πόπο... τόσα λεφτά για μένα.»

«Από αύριο ένα καινούργιο περίπτερο σας περιμένει στην Αριστοτέλους.»

«Ω, σας ευχαριστώ τόσο! Μανόλη μου, ένα καινούργιο περίπτερο!»

«Και η Τράπεζα θέλει να σας ευχαριστήσει για τις πλάκες χρυσού που έχει ξανά μετά από τόσα χρόνια, και σας δίνει αυτά τα χρήματα.»

«Ω, δεν ξέρουμε τι να πούμε. Σας ευχαριστούμε πάρα πολύ.»

«Λοιπόν, στην υγειά σας! Να είμαστε όλοι καλά.»

«Στην υγειά σας! Κυρία Σταυρούλα, περαστικά και να είστε πάντα καλά.»

«Σας ευχαριστώ όλους και σας αγαπάω πολύ. Μμμμ, Δάφνη μου, η πίτα σου είναι τέλεια. Θέλω τη συνταγή, οπωσδήποτε.»

«Πολύ ευχαρίστως, κυρία Σταυρούλα.»

Συνταγή για πρασοτυρόπιτα

Υλικά

1 πακέτο φύλλο χωριάτικο (500 γρ.)
4-5 πράσα
120 γραμ. τυρί γκούντα
120 γραμ. τυρί ρεγκάτο
120 γραμ. τυρί κασέρι ή έμενταλ
120 γραμ. φέτα
4 αβγά
1/2 κουτί γάλα εβαπορέ
λίγο αλάτι, λίγο πιπέρι, και λάδι ή βούτυρο λιωμένο

Οδηγίες

Καθαρίζουμε τα πράσα και τα πλένουμε.
Τα κόβουμε σε μικρά κομμάτια και τα **τσιγαρίζουμε**
σε λίγο λάδι ή βούτυρο μέχρι **να μαλακώσουν**.
Τρίβουμε τα τυριά και τα **ανακατεύουμε**.
Χτυπάμε λίγο τα αβγά, βάζουμε το γάλα, το αλάτι και
το πιπέρι. Μετά βάζουμε τα τυριά και το πράσο και τα
ανακατεύουμε όλα μαζί.
Λαδώνουμε ή βουτυρώνουμε ένα ταψί. Βάζουμε ένα
φύλλο. Λαδώνουμε ή βουτυρώνουμε αυτό το πρώτο
φύλλο. Κάνουμε το ίδιο με το δεύτερο φύλλο.

μαλακώνει (θα/να μαλακώσει) γίνεται μαλακό
ανακατεύω γυρίζω μαζί ώσπου να γίνουν ένα σώμα
τσιγαρίζω ψήνω σε πολύ ζεστό λάδι

Βάζουμε ένα φύλλο ακόμα και μετά βάζουμε το πράσο με τα τυριά. Σκεπάζουμε το πράσο με τα τυριά με ένα φύλλο και το λαδώνουμε ή το βουτυρώνουμε. Μετά λαδώνουμε ή βουτυρώνουμε ένα ένα τα **υπόλοιπα** φύλλα καθώς τα βάζουμε από πάνω.

Στο τέλος γυρνάμε τις άκρες των φύλλων προς τα κάτω για να είναι η πίτα κλειστή.

Με ένα μαχαίρι κόβουμε σε «κομμάτια» τα επάνω φύλλα της πίτας.

Ψήνουμε σε προθερμασμένο φούρνο στους 200 βαθμούς (Κελσίου) για 45-50 λεπτά περίπου ή μέχρι **να ροδίσει** όλη η πίτα (πάνω και κάτω).

τα υπόλοιπα αυτά που μένουν
ροδίζει (θα/να ροδίσει) παίρνει ανοιχτό καφέ χρώμα

Η κυρία Σταυρούλα

σελ. 7

Α. Απαντήστε στις ερωτήσεις.

1. Τι δουλειά κάνει η κυρία Σταυρούλα;
2. Από πού ξέρει η κυρία Σταυρούλα την οικογένεια της Μαρίας;
3. Πού βρίσκεται το περίπτερο;
4. Γιατί λέει η κυρία Σταυρούλα ότι μία είναι η Αριστοτέλους;
5. Τι μαθαίνετε για τη Θεσσαλονίκη σ' αυτό το κεφάλαιο;

Β. Βάλτε τις λέξεις που λείπουν.

βλέπει - μπορεί - χωριά - πόδια - έργα - μέση μεζεδοπωλεία - σκόνη - τρέχει

1. Στη Θεσσαλονίκη υπάρχει πολλή _____ γιατί γίνονται τα _____ του Μετρό.
2. Η Μαρία λέει ότι τον μπαμπά της τον πονάει η _____ του, η γιαγιά της έχει τα _____ της, ο παππούς της δε _____ και η μαμά της _____ για όλους.
3. Το Νιοχώρι και η Καρίτσα είναι δύο _____ κοντά στη Λίμνη Πλαστήρα.

4. Το κουτί στα τσιγάρα λέει: το κάπνισμα _____ να σκοτώσει.

5. Η πλατεία Άθωνος έχει πολλές ταβέρνες και _____ .

Ο κυρ Μανόλης

σελ. ΙΙ

Α. _Βάλτε τις προτάσεις στη σωστή σειρά._

__ «Για ένα ποτηράκι, δε λέω όχι.»

__ «Στην υγειά σου, βρε! Και να την αγαπάς την κοπέλα. Όχι μόνο... Αυτά λέω και στον γιο μου.»

__ «Γιατί δεν έχω μία, κυρ Μανόλη. Τέλος του μήνα, βλέπετε...»

__ «Ε, πώς. Την αγαπάω. Άντε, στην υγειά μας, κυρ Μανόλη.»

_1_ «Α, ευτυχώς, είστε εσείς εδώ, κυρ Μανόλη.»

__ «Α, καλά τότε. Άντε, είσαι για ένα ποτηράκι ρακή; Κάνει πολύ κρύο σήμερα.»

__ «Τι θες; Α, μη μου πεις. Βρε, ολόκληρο πακέτο, τέλος; Κιόλας! Μπράβο! Γιατί δεν παίρνεις τότε το μεγάλο κουτί, που είναι και πιο φτηνό;»

Β. _Σωστό (Σ) ή Λάθος (Λ);_

1. Ο κυρ Μανόλης είναι μαζί με την κυρία Σταυρούλα 25 χρόνια.

2. Ο κύριος που πουλάει κοσμήματα είναι στον πάγκο του μόνο το πρωί από τις δέκα ώς τη μία.
3. Ο κύριος Ιωαννίδης έχει μόνο ένα εικοσάρικο.
4. Ο κύριος Ιωαννίδης έχει μια καλή ζωή αλλά μάλλον δεν το ξέρει.
5. Στο περίπτερο έχει ντεπόν αλλά όχι ασπιρίνες.

Η κυρία Σταυρούλα και η Ελένη σελ. 15

Α. Διαλέξτε τα σωστά.

Η κυρία Σταυρούλα φέρνει στο σπίτι:

1. από φρούτα : α. πορτοκάλια   β. αχλάδια
   γ. μανταρίνια   δ. μήλα

2. για φαγητό: α. σαρδέλες   β. γαύρο
   γ. ντομάτες   δ. χόρτα

3. από τυριά: α. ανθότυρο   β. φέτα
   γ. τυρί από τις Ρωσοπόντιες   δ. κατσικίσιο

4. Η κυρία Σταυρούλα θα κάνει τον γαύρο:

   α. στην κατσαρόλα   β. στον φούρνο   γ. σαγανάκι
   δ. στη σχάρα

5. Η Δάφνη είναι από:

   α. την Πάτρα   β. την Αθήνα   γ. τη Θεσσαλονίκη
   δ. τον Βόλο

B. *Βάλτε τις λέξεις που λείπουν.*

λάδι - κεφάλια - τηγάνι - λεπτά - πιπέρι - ψάρια - νερό

Καθαρίζουμε τα _____ , κόβουμε τα _____ και τα αλατίζουμε. Σε ένα μεγάλο _____ βάζουμε το _____ με το νερό στη φωτιά, την πιπεριά, το _____ , και τη ρίγανη. Όταν αρχίζει να βράζει, ρίχνουμε τα ψάρια και τα βράζουμε για περίπου 20-30 _____ . Αν τελειώσει το _____ , προσθέτουμε κι άλλο. Στο τέλος προσθέτουμε τον μαϊντανό και το λεμόνι.

Ο Γιωργής σελ. 16

A. *Βάλτε τα ρήματα που λείπουν.*

πεθαίνω - βλέπεις - χάνεις - φάω - ερχόμαστε - ήσουν - έχουμε - καταλαβαίνω - φεύγω - τρως

«Γειαααα.»
«Τι ώρα είναι αυτή; Πού _____ μέχρι τώρα;
Γεια σου, Δημήτρη.»
«Ε, είναι και το φεστιβάλ, _____ . Απ' το Ολύμπιον _____ . Για μας τους φοιτητές είναι δωρεάν κάποιες ταινίες. Ε, τις _____ ; Δεν τις χάνεις. Κρίμα είναι.»
«Καλή η ταινία;»
«Πολύ καλή για μας. Για σένα μάλλον όχι.»
«Καλά. Λοιπόν πηγαίνω, γιατί _____ στην πείνα.»
«Άντε γεια. Α, τι φαγητό _____ σήμερα;»

«Ψάρι και χόρτα.»

«Α, καλά. Μάλλον εγώ θα _____ κανένα σουβλάκι.»

«Πάλι σουβλάκι! Δεν_____ και κάτι πιο καλό;»

«Γιατί; Τα ψάρια καλά είναι; Ξέρεις ότι είναι μολυσμένα;»

«Καλά, δε σε _____ εσένα. Άκου τα ψάρια μολυσμένα! Εγώ ξέρω ότι κάνουν καλό, όταν μάλιστα διαβάζεις. Αλλά εσύ φαίνεται, ξέρεις άλλα. Άντε, _____ εγώ. Γεια σας.»

«Γειαααα.»

B. Απαντήστε στις ερωτήσεις.

1. Σε ποιο σινεμά είναι το φεστιβάλ κινηματογράφου;
2. Τι φαγητό έχει σήμερα η κυρία Σταυρούλα;
3. Τι θα φάει ο Γιωργής;
4. Τι λέει για τα ψάρια ο Γιωργής;
5. Τι θέλει η Μυρτώ από το περίπτερο;
6. Πού είναι ο πατέρας της;
7. Τι ετοιμάζει η Μυρτώ;
8. Σε ποιο έτος είναι ο Δημήτρης και ο Γιωργής;

Το όνειρο σελ. 19

A. Βάλτε τις καταλήξεις στα ρήματα.

«Είμ___ που λε__ , μέσα στο περίπτερο και ξαφνικά αρχίζ__ να πετά__ . Μαζί με το περίπτερο. Κοιτά__ έξω και βλέπ__ το περίπτερο να είναι πάνω σ' ένα χαλί που πετά___ . Και είμαι ψηλά και βλέπ__ τη Θεσσαλονίκη

από κάτω μου, και μετά εγώ και το περίπτερο πετά__
προς τη θάλασσα. Είμαι πάνω από τη θάλασσα. Κι
εκείνη τη στιγμή φεύγ__ το χαλί από κάτω κι αρχίζ__
να πέφτ__ μαζί με το περίπτερο. Και λέ__ μέσα μου,
πά__ , πεθαίν__ . Εκεί ακού__ τη φωνή σου.»

Β. Σωστό (Σ) ή Λάθος (Λ);

1. Ο κυρ Μανόλης κοιμάται.
2. Η κυρία Σταυρούλα γελάει και φωνάζει στον ύπνο της.
3. Βλέπει ένα περίεργο όνειρο.
4. Βλέπει ότι είναι με το περίπτερο μέσα στη θάλασσα.
5. Πετάει πάνω από τη θάλασσα και μετά αρχίζει να
   πέφτει.

Αργά το επόμενο βράδυ στο περίπτερο   σελ. 20

Α. Διαλέξτε το σωστό.

1. Απόψε _____ .
   α. ο καιρός είναι καλός
   β. ο καιρός είναι χειμωνιάτικος
2. Η κυρία Σταυρούλα έχει σήμερα για φαγητό _____ .
   α. σούπα   β. κοτόπουλο στον φούρνο
3. Του κυρ Μανόλη στο αυτοκίνητο _____ .
   α. του φοράνε καπέλο   β. του φοράνε κουκούλα
4. Τον πάνε κάπου _____ .
   α. μακριά   β. κοντά

5. Στο διαμέρισμα του δίνουν να φάει _____ .
   α. ψωμί   β. σαλάμι

Β. *Βάλτε τα γράμματα που λείπουν και τον τόνο (´) όπου χρειάζεται.*

Μη μιλ__ς καθόλ__υ. Κλει__ώνεις και έρχ__σαι μαζ__ μας τ__ρα αμ__σως. Και δεί__νεις ότ__ μ__ς ξέ__εις. Ότι είμ__στε η π__ρέα σ__υ.

Το ίδιο βράδυ στο σπίτι σελ. 22

Α. *Απαντήστε στις ερωτήσεις.*

1. Ποιοι είναι στο σπίτι και μιλάνε;
2. Πού είναι ο κυρ Μανόλης;
3. Τι λέει ο Δημήτρης;
4. Γιατί ανησυχεί η κυρία Σταυρούλα;
5. Τηλεφωνούν στην αστυνομία;

Β. *Βρείτε το άλλο μισό που ταιριάζει.*

1. «Δεν είναι εδώ ακόμα...
2. «Πού είναι μετά από τόση ώρα...
3. «Ο Αλέκος ξέρω ότι έχει...
4. «Πριν μιάμιση ώρα στο τηλέφωνο...
5. «Λες να τα πίνουν...

α. ...ήταν έτοιμος να κλείσει το περίπτερο.»

β. ...κι είναι αργά.»

γ. ...και μ' αυτόν τον καιρό;»

δ. ...σε καμιά ταβέρνα μαζί;»

ε. ...τζιπ Niva.»

Η Ελένη και η Δάφνη στην Πάνω Πόλη   σελ. 23

Α. Σωστό (Σ) ή Λάθος (Λ);

1. Η Ελένη και η Μυρτώ είναι σε ένα καφέ.
2. Η ταβέρνα είναι στην Πάνω Πόλη.
3. Τρώνε ωραίους μεζέδες.
4. Με τον λογαριασμό τούς φέρνουν καφέ.
5. Η Ελένη δίνει στη Δάφνη τη συνταγή για γαύρο σαγανάκι.

Β. Βάλτε τις λέξεις στη σωστή σειρά και φτιάξτε προτάσεις.

1. Η / ωραία / πάντα / με / Πάνω Πόλη / βροχή / είναι / και / ακόμα /
2. Είναι / τζάκι / το / ωραία / ταβέρνα / στην / με /
3. Όλοι / είναι / τέλειοι / οι / μεζέδες / αυτοί /
4. φάω / άλλο / Δυστυχώς / να / δεν / μπορώ /
5. στην / θα / Την / φορά / παραλία / βόλτα / επόμενη / πάμε /

Τα ξημερώματα

Α. Απαντήστε στις ερωτήσεις.

1. Τι κάνουν οι δύο άντρες και τι έχουν μαζί τους για βοήθεια;
2. Γιατί πρέπει να σταματήσουν στις πέντε;
3. Τι ψάχνουν να βρουν;
4. Γιατί έχουν τον κυρ Μανόλη στο διαμέρισμα;
5. Πού είναι οι πλάκες χρυσού;

Β. Βάλτε τις προτάσεις στη σωστή σειρά.

_1_ «Με τον γέρο τι κάνουμε;»
___ «Ίσως είναι χρήσιμος.»
___ «Για να τον έχουμε εδώ, έτσι πρέπει.»
___ «Αλλά γιατί τον έχουμε εδώ;»
___ «Ωχ, είναι κι αυτός. Ε, μέχρι να τις βρούμε, θα τον κρατήσουμε.»
___ «Δεν ξέρω. Τώρα μου κάνεις την ερώτηση, ρε;»
___ «Ναι, έτσι πρέπει.»
___ «Είμαι πολύ κουρασμένος. Πάω για ύπνο.»
___ «Κι εγώ.»
___ «Όχι, να... λέω, δηλαδή.»
___ «Σε τι;»

Το επόμενο πρωί σελ. 25

Α. Σωστό (Σ) ή Λάθος (Λ);

1. Η κυρία Σταυρούλα περιμένει όλη τη νύχτα τον άντρα της.
2. Παίρνει τηλέφωνο στα νοσοκομεία.
3. Το πρωί λέει ότι πάει να ανοίξει το περίπτερο.
4. Τα παιδιά της θα πάρουν τηλέφωνο στην αστυνομία.
5. Τα παιδιά μόλις έχουν νέα, θα πάνε στο περίπτερο.

Β. Βάλτε τα ρήματα στον πληθυντικό, στο ίδιο πρόσωπο.

1. φοβάμαι   _____
2. συμβαίνει   _____
3. κλαις   _____
4. μαθαίνεις   _____
5. θέλει   _____

Η κυρία Σταυρούλα στο περίπτερο σελ. 26

Α. Απαντήστε στις ερωτήσεις.

1. Πώς είναι το περίπτερο απ' έξω;
2. Τι βλέπει η Σταυρούλα μέσα στο περίπτερο;
3. Γιατί ο κυρ Μανόλης έχει το κασκόλ και το σκουφί στο πάτωμα;

4. Πώς θα βοηθήσει ο Ιωαννίδης να βρουν τον κυρ Μανόλη;
5. Γιατί ο Ιωαννίδης πληρώνει δέκα ευρώ;

B. *Βάλτε τη σωστή λέξη.*

αστυνομία - άνθρωπος - οικογένεια - βροχή - πάτωμα

1. Το κασκόλ και το σκουφί του είναι κάτω στο
   _____ .
2. «Με τέτοια _____ , ο Μανόλης δε φεύγει χωρίς ομπρέλα».
3. Έρχεται σε λίγο εκεί η _____ , να ρωτήσει κάποια πράγματα.
4. «Να είστε καλά κι εσείς και η _____ σας».
5. «Μωρέ, καλός είναι τελικά ο _____ .»

Ο κύριος Καραμπάτσος σελ. 28

A. *Σωστό (Σ) ή Λάθος (Λ);*

1. Ο κυρ Μανόλης φοράει γκρι παντελόνι, ριγέ πουκάμισο, μαύρο πουλόβερ και μπλε μπουφάν.
2. Ο κυρ Μανόλης δεν ξεχνάει ποτέ.
3. Ο κυρ Μανόλης τελευταία δείχνει λίγο ανήσυχος.
4. Ο Καραμπάτσος παίρνει το σκουφί για να το μυρίσει ο σκύλος.
5. Θέλει δύο φωτογραφίες.

B. *Βρείτε 5 επίθετα σ' αυτό το κεφάλαιο, και βάλτε τα στα άλλα δύο γένη.*

1. _____   _____   _____
2. _____   _____   _____
3. _____   _____   _____
4. _____   _____   _____
5. _____   _____   _____

Ένας άντρας   σελ. 29

Η κυρία Σταυρούλα πέφτει   σελ. 30

A. *Απαντήστε στις ερωτήσεις.*

1. Ποιο περιοδικό βγαίνει σήμερα;
2. Τι κάνει ο άντρας πριν το αγοράσει;
3. Τι συμβαίνει με το περίπτερο;
4. Τι νομίζει η κυρία Σταυρούλα ότι συμβαίνει;
5. Πού βρίσκεται η κυρία Σταυρούλα στο τέλος της σελίδας 29;

B. *Τελειώστε τις προτάσεις. Κοιτάξτε τη σελίδα 29.*

1. Πέφτω μαζί _____
2. Το όνειρο βγαίνει _____
3. Μυρίζω _____
4. Ακούω _____
5. Κλείνουν _____

Ένας μηχανικός του Μετρό με έναν δημοσιογράφο σελ. 31

Α. Τελειώστε τις προτάσεις.

1. Ο κύριος Αποστολόπουλος δουλεύει...
2. Δε φταίει μόνο το Μετρό, αλλά και το μικρό...
3. Το χώμα κάτω από το περίπτερο είναι...
4. Το Μετρό θα πληρώσει...
5. Η ληστεία ήταν στην πρώτη σελίδα πριν...

Β. Βάλτε τις προτάσεις στη σωστή σειρά.

__ Όμως, το πρόβλημα ήταν και με το άλλο μικρό τούνελ ανάμεσα.

_1_ Είναι περίεργο, αλήθεια.

__ Βέβαια το χώμα είναι μαλακό σ' αυτό το μέρος.

__ Εμείς με τα μηχανήματα για το Μετρό είμαστε πολύ πιο κάτω από το περίπτερο.

__ Ξέρετε, αυτό για τις πλάκες χρυσού, που οι τρεις...

__ Δε φταίει όμως μόνο το Μετρό.

Στο νοσοκομείο σελ. 32

Α. Σωστό (Σ) ή Λάθος (Λ);

1. Η κυρία Σταυρούλα είναι στο σπίτι της.
2. Ο κυρ Μανόλης είναι μαζί της.
3. Η κυρία Σταυρούλα πονάει στα χέρια της μόνο.

4. Σε μια βδομάδα θα είναι σπίτι της.
5. Νυστάζει ακόμα πολύ.

Β. *Βάλτε στον διάλογο τις λέξεις που λείπουν.*

περίπτερο - κεφάλι - είμαι - φορά - νοσοκομείο - σπίτι
- εδώ - πράγματα - μέτρα - πονάς - γιατροί - όνειρο

«Πού _____ ; Είμαι ζωντανή; Μανόλη, εσύ _____ ;»
«Ναι, Σταυρούλα μου. Εδώ κοντά σου.»
«Με το _____ ... όνειρο ήταν πάλι, Μανόλη μου;»
«Όχι, αυτή τη _____ δεν ήταν _____ .»
«Πονάω. Το _____ μου, τα πόδια μου, η μέση μου.»
«Φυσικό είναι να _____ ακόμα. Δέκα πέντε _____
κάτω, είναι πολλά. Ευτυχώς το περίπτερο με τα _____
ήταν προστασία για σένα. Δεν έχεις τίποτα σοβαρό.
Αλλά οι _____ σε κρατάνε για εξετάσεις.»
«Οι γιατροί; Πού είμαι;»
«Στο _____ αλλά σε δυο τρεις μέρες θα
είσαι έξω, στο _____ μας.»
«Το περίπτερο πάει, Μανόλη.»
«Θα το ξαναφτιάξουμε. Να _____ καλά μόνο.»
«Ναι. Εσύ, καλά είσαι;»
«Ναι, καλά είμαι. Μην ανησυχείς.»

Η κυρία Σταυρούλα στο σπίτι σελ. 34

Α. *Απαντήστε στις ερωτήσεις.*

1. Τι λέει η κυρία Σταυρούλα, όταν βλέπει όλα αυτά τα λουλούδια;
2. Ποιο είναι το δώρο του κυρ Μανόλη;
3. Γιατί λέει η κυρία Σταυρούλα ότι ήταν πλούσιοι χωρίς να το ξέρουν;
4. Γιατί δε βρίσκουν το κουτί αυτοί που σκάβουν την πρώτη νύχτα;
5. Πώς βρίσκει η αστυνομία τον κυρ Μανόλη και τους άλλους τρεις;

Β. *Βάλτε τις φράσεις στη σωστή σειρά.*

να κλείσω το περίπτερο / 1 Που λες, /   εκεί που είμαι έτοιμος να φύγω, /   κι ακούω κάποιον /   και να πάω μαζί του. /   εκείνο το βράδυ με τη βροχή, /   καταλαβαίνω ένα πιστόλι πίσω στο κεφάλι μου /   να μου λέει... /

Όλοι στο πάρτι σελ. 36

Α. *Σωστό (Σ) ή Λάθος (Λ);*

1. Η κυρία Σταυρούλα είναι στο κρεβάτι.
2. Στο πάρτι θα είναι και ο Ιωαννίδης με τη γυναίκα του και την κόρη του.

3. Το Μετρό δίνει στην κυρία Σταυρούλα ένα καινούργιο περίπτερο στο ίδιο μέρος.
4. Η Τράπεζα τους δίνει πέντε πλάκες χρυσού.
5. Στην κυρία Σταυρούλα αρέσει η πίτα της Δάφνης.

Β. *Βάλτε τις λέξεις στη σωστή σειρά και φτιάξτε προτάσεις.*

1. Όλοι / θα / θα / μια / είναι / στο / μας / εγώ / αυτοί / είμαι / καρέκλα / σπίτι / κι / σε
2. ένα / καινούργιο / Από / σας / στην / περίπτερο / περιμένει / αύριο / Αριστοτέλους
3. Η / θέλει / σας / να / για / πλάκες / Τράπεζα / ευχαριστήσει / τις / χρυσού
4. Δάφνη / είναι / σου / τέλεια / μου / πίτα / η
5. τη / δώσεις / Θέλω /συνταγή / μου / να

ΙΔΕΕΣ ΓΙΑ ΔΡΑΣΤΗΡΙΟΤΗΤΕΣ ΣΤΗΝ ΤΑΞΗ

ΔΡΑΣΤΗΡΙΟΤΗΤΑ 1

Μετά την ανάγνωση ενός κεφαλαίου ή ενός μέρους της ιστορίας, διαιρούμε την τάξη σε ομάδες. Κάθε ομάδα ετοιμάζει σ' ένα χαρτί ερωτήσεις κατανόησης σχετικά με το συγκεκριμένο κομμάτι που έχει διαβαστεί και τις δίνει στη διπλανή ομάδα για να τις απαντήσει. Παράδειγμα: Αν έχουμε σχηματίσει τρεις ομάδες, την Α, τη Β και τη Γ, η Α ετοιμάζει τις ερωτήσεις για τη Β και η Β για τη Γ. Όταν τα χαρτιά επιστραφούν με τις απαντήσεις, κάθε ομάδα διορθώνει την άλλη.

ΔΡΑΣΤΗΡΙΟΤΗΤΑ 2

Διαιρούμε την τάξη σε ζεύγη. Καθένας από τους δύο σπουδαστές ετοιμάζει μια γραπτή περίληψη ενός κεφαλαίου ή ενός μέρους της ιστορίας και δίνει το χαρτί του στον άλλο για να το διορθώσει.

ΔΡΑΣΤΗΡΙΟΤΗΤΑ 3

Ένας σπουδαστής μιλάει για έναν από τους χαρακτήρες της ιστορίας. Οι υπόλοιποι πρέπει να μαντέψουν για ποιον πρόκειται.

ΔΡΑΣΤΗΡΙΟΤΗΤΑ 4

Διαιρούμε την τάξη σε δύο ομάδες. Η πρώτη από τις δύο ομάδες σημειώνει τρεις λέξεις σ' ένα χαρτί και το δίνει στην άλλη. Η αντίπαλη ομάδα πρέπει να ετοιμάσει έναν σύντομο διάλογο χρησιμοποιώντας τουλάχιστον δύο από τις προτεινόμενες λέξεις. Η πρώτη ομάδα διαβάζει δυνατά τον διάλογο. Η δραστηριότητα επαναλαμβάνεται με τη δεύτερη ομάδα να προτείνει τρεις λέξεις στην πρώτη.

ΔΡΑΣΤΗΡΙΟΤΗΤΑ 5

Διαιρούμε την τάξη σε ζεύγη ή σε ομάδες, ανάλογα με τον αριθμό των χαρακτήρων που εμφανίζονται σ' έναν διάλογο της ιστορίας. Οι σπουδαστές παίζουν τον διάλογο, προσπαθώντας να επαναλάβουν όσο πιο πιστά γίνεται τις "ατάκες" του διαλόγου.

Παραλλαγή Α
Ο καθηγητής δίνει σε κάθε ομάδα ένα χαρτί με έναν διάλογο από την ιστορία, από τον οποίο λείπουν κάποιες ατάκες. Οι σπουδαστές πρέπει να συμπληρώσουν τον διάλογο και μετά να τον παίξουν.

Παραλλαγή Β
Οι σπουδαστές παίζουν ελεύθερα έναν διάλογο από την ιστορία.

ΔΡΑΣΤΗΡΙΟΤΗΤΑ 6

Οι σπουδαστές ετοιμάζουν μια γραπτή περιγραφή για την εξωτερική εμφάνιση ή/και την ψυχολογία ενός ή περισσότερων χαρακτήρων της ιστορίας.

VOCABULARY

ανακατεύω to stir
αστυνομία, η police
ΑΤΜ, το ATM
Βαρδάρης, ο strong northern wind which blows in Macedonia
βράζω to boil
γαύρος, ο anchovy
γλάστρα, η flower-pot
διπλωματική, η dissertation
δωρεάν free
"είναι μούρλια" it's to die for
ελέφαντας, ο elephant
έτος, το year
ζουμί, το bouillon
καζάν ντιμπί, το Turkish milk pudding
καραμέλα, η candy
κασκόλ, το scarf
καυτερός spicy hot
κίνηση, η traffic
κλειδί, το key
κλειδωμένος locked
κλειδώνω to lock
κόβω (το τσιγάρο) to quit (smoking)
κόσμημα, το jewel
κουβαλάω (-ώ) to carry
κουκούλα, η hood

λαχείο, το lottery
ληστεία, η robbery
μαγικός magic *(adj.)*
μαλακώνω to become soft
μεζεδοπωλείο, το mezze restaurant
μεταλλικός (made of) metal
μπουγιουρντί, το roasted tomatoes and green peppers with feta cheese
μυρίζω to smell
μυρωδιά (μυρουδιά), η smell
νυστάζω to feel sleepy
πάγκος, ο bench
παγωμένος iced, frozen
πεθαίνω to die
πετάω (-ώ) to fly
πιστόλι, το pistol
πλάκα χρυσού, η gold bar
πυξίδα, η compass
ροδίζω to become slightly brown
σακούλα, η bag
σεισμός, ο earthquake
σκάβω to dig
σκαλί, το step (of a staircase)
σκόνη, η dust
(είναι) σκοτεινά (it is) dark
σκοτώνω to kill

σκουφί, το cap
σκύλος, ο dog
σταυρός, ο cross
στενοχωριέμαι
(στεναχωριέμαι) to worry
"στρατηγίνα", η general's wife
or woman-general (fig.)
στρατηγός, ο (army) general
στροφή, η bend, turn
συνταγή, η recipe
συνταξιούχος, ο pensioner
τ' ακούω κι από πάνω to be
nagged for no reason

τζάκι, το fire place
τηγάνι, το frying pan
τμήμα, το police station
τσιγαρίζω to brown
τσίκλα, η chewing gum
τσουρέκι, το a type of bun
υπόλοιπος remaining
φυλακή, η jail
χαλί, το carpet, rug
χάνω to miss
χαρτομάντιλο, το paper
tissue

VOCABULAIRE

ανακατεύω mélanger
αστυνομία, η la police
ATM, το le D.A.B.
Βαρδάρης, ο vent nord fort et froid qui souffle en Macédoine
βράζω bouillir
γαύρος, ο l'anchois (frais)
γλάστρα, η le pot (de fleurs)
διπλωματική, η le memoire
δωρεάν gratis, gratuitement
"είναι μούρλια" être vachement bon
ελέφαντας, ο l'éléphant
έτος, το l'an, l'année
ζουμί, το le bouillon
καζάν ντιμπί, το gâteau d'origine turque, semblable à la crème brûlée
καραμέλα, η le bonbon
κασκόλ, το le cache-col
καυτερός piquant
κίνηση, η le trafic
κλειδί, το la clé
κλειδωμένος fermé à clé
κλειδώνω fermer à clé
κόβω (το τσιγάρο) arrêter de fumer
κόσμημα, το le bijou
κουβαλάω (-ώ) porter

κουκούλα, η la capuche, le capuchon
λαχείο, το la loterie, le billet de loterie
ληστεία, η le cambriolage, le braquage
μαγικός magique
μαλακώνω ramollir
μεζεδοπωλείο, το petit restaurant où l'on sert des petits plats froids et chauds semblables aux hors-d'oeuvre
μεταλλικός métallique
μπουγιουρντί, το tomates, poivrons et fromage "feta" au four
μυρίζω sentir
μυρωδιά (μυρουδιά), η l'odeur
νυστάζω avoir sommeil
πάγκος, ο le banc
παγωμένος glacé
πεθαίνω mourir
πετάω (-ώ) voler
πιστόλι, το le pistolet, le revolver
πλάκα χρυσού, η le lingot d'or
πυξίδα, η la boussole
ροδίζω rissoler, dorer

σακούλα, η le sac
σεισμός, ο le tremblement de terre
σκάβω excaver, creuser
σκαλί, το la marche
σκόνη, η la poussière
(είναι) σκοτεινά (il fait) sombre, il y a de l' obscurité
σκοτώνω tuer
σκουφί, το le bonnet
σκύλος, ο le chien
σταυρός, ο la croix
στενοχωριέμαι (στεναχωριέμαι) s'inquieter
"στρατηγίνα", η a femme du général / général-femme
στρατηγός, ο le général
στροφή, η le virage

συνταγή, η la recette
συνταξιούχος, ο retraité
τ' ακούω κι από πάνω être réprimandé, grondé sans raison
τζάκι, το la cheminée
τηγάνι, το la poêle
τμήμα, το le poste (de police)
τσιγαρίζω rissoler, faire sauter
τσίκλα, η le chewing-gum
τσουρέκι, το type de brioche
υπόλοιπος le reste
φυλακή, η la prison
χαλί, το le tapis
χάνω perdre
χαρτομάντιλο, το le mouchoir de papier

VOKABULAR

ανακατεύω rühren
αστυνομία, η die Polizei
ΑΤΜ, το der Geldautomat
Βαρδάρης, ο kräftiger Nordwind in Mazedonien
βράζω kochen, sieden
γαύρος, ο die Anchovis, die Sardelle
γλάστρα, η der Blumentopf
διπλωματική, η die Dissertation, die Doktorarbeit
δωρεάν gratis
"είναι μούρλια" "es ist zum sterben (schön, gut, usw.)"
ελέφαντας, ο der Elefant
έτος, το das Jahr
ζουμί, το die Bouillon
καζάν ντιμπί, το türkischer Milchpudding
καραμέλα, η das Bonbon, das Konfekt
κασκόλ, το der Schal
καυτερός würzig scharf
κίνηση, η der Verkehr
κλειδί, το der Schlüssel
κλειδωμένος geschlossen, gesperrt
κλειδώνω abschliessen, absperren
κόβω (το τσιγάρο) das Rauchen aufgeben

κόσμημα, το der Schmuck, das Juwel
κουβαλάω (-ώ) tragen
κουκούλα, η die Haube, die Kapuze
λαχείο, το die Lotterie
ληστεία, η der Raub
μαγικός magisch, bezaubernd, zauberhaft
μαλακώνω weichen
μεζεδοπωλείο, το das Mese-Restaurant
μεταλλικός metallen
μπουγιουρντί, το gegrillte Tomaten mit grünem Paprika und Feta-Käse
μυρίζω riechen
μυρωδιά (μυρουδιά), η der Geruch
νυστάζω schläfrig sein
πάγκος, ο der Sitzbank (έ)
παγωμένος gefroren
πεθαίνω sterben
πετάω (-ώ) fliegen
πιστόλι, το die Pistole
πλάκα χρυσού, η der Goldbarren
πυξίδα, η der Kompass
ροδίζω leicht bräunen
σακούλα, η die Tüte
σεισμός, ο das Erdbeben

σκάβω graben
σκαλί, το die Treppenstufe
σκόνη, η der Staub
(είναι) σκοτεινά (es ist) dunkel
σκοτώνω töten
σκουφί, το die Haube, die Kappe
σκύλος, ο der Hund
σταυρός, ο das Kreuz
στενοχωριέμαι (στεναχωριέμαι) sich Sorgen machen
"στρατηγίνα", η die Generalin
στρατηγός, ο der General
στροφή, η bend, turn die Kurve
συνταγή, η das Rezept

συνταξιούχος, ο der Rentner
"τ' ακούω κι από πάνω" "und oben drauf bin ich der Schuldige"
τζάκι, το der Kamin
τηγάνι, το die Pfanne
τμήμα, το die Polizeistation
τσιγαρίζω braten
τσίκλα, η der Kaugummi
τσουρέκι, το griechischer Kuchen
υπόλοιπος die restlichen, die übrigen
φυλακή, η das Gefängnis
χαλί, το der Teppich
χάνω verlieren
χαρτομάντιλο, το die Papierserviette

Η κυρία Σταυρούλα

σελ. 40

Α. 1. Έχει ένα περίπτερο. 2. Το χωριό της Μαρίας είναι κοντά στο χωριό της Σταυρούλας, στη Λίμνη Πλαστήρα. 3. Στην οδό Αριστοτέλους στη Θεσσαλονίκη. 4. Γιατί είναι ένας πολύ γνωστός δρόμος στο κέντρο της Θεσσαλονίκης. 5. Η Θεσσαλονίκη είναι μια μεγάλη γειτονιά. Υπάρχουν πολλοί φοιτητές. Γίνονται έργα για το Μετρό, κ.ά.

Β. 1. σκόνη, έργα 2. μέση, πόδια, βλέπει, τρέχει 3. χωριά 4. μπορεί 5. μεζεδοπωλεία

Ο κυρ Μανόλης

σελ. 41

Α.

«Α ευτυχώς, είστε εσείς εδώ, κυρ Μανόλη.»

«Τι θες; Α, μη μου πεις. Βρε, ολόκληρο πακέτο, τέλος;»Κιόλας! Μπράβο! Γιατί δεν παίρνεις τότε το μεγάλο κουτί, που είναι και πιο φτηνό;»

«Γιατί δεν έχω μία, κυρ Μανόλη. Τέλος του μήνα, βλέπετε.»

«Α, καλά τότε. Άντε, είσαι για ένα ποτηράκι ρακή; Κάνει πολύ κρύο σήμερα.»

«Για ένα ποτηράκι, δε λέω όχι.»

«Στην υγειά σου, βρε! Και να την αγαπάς την κοπέλα. Όχι μόνο... Αυτά λέω και στον γιο μου.»

«Ε, πώς. Την αγαπάω. Στην υγειά σου, κυρ Μανόλη.»

Β. 1. Σ 2. Λ 3. Λ 4. Σ 5. Σ

Η κυρία Σταυρούλα και η Ελένη σελ. 42

Α. 1. α, δ   2. β, γ   3. γ   4. γ   5. β

Β. ψάρια, κεφάλια, τηγάνι, λάδι, πιπέρι, λεπτά, νερό

Ο Γιωργής σελ. 43

Α. ήσουν, βλέπεις, ερχόμαστε, χάνεις, πεθαίνω, έχουμε, φάω, τρως, καταλαβαίνω, φεύγω

Β. 1. Στο "Ολύμπιον".   2. Ψάρι και χόρτα.
3. Σουβλάκι.   4. Ότι είναι μολυσμένα.
5. Μια κάρτα για το κινητό της.   6. Επάνω.
7. Τη διπλωματική της.   8. Στο τέταρτο.

Το όνειρο σελ. 44

Α. «Είμ**αι**, που λε**ς**, μέσα στο περίπτερο και ξαφνικά αρχί**ζω** να πετά**ω**. Μαζί με το περίπτερο. Κοιτά**ω** έξω και βλέπ**ω** το περίπτερο να είναι πάνω σ' ένα χαλί που πετά**ει**. Και είμαι ψηλά και βλέπ**ω** τη Θεσσαλονίκη από κάτω μου, και μετά εγώ και το περίπτερο πετά**με** προς τη θάλασσα. Είμαι πάνω από τη θάλασσα. Κι εκείνη τη στιγμή φεύγ**ει** το χαλί από κάτω κι αρχί**ζω** να πέφτ**ω** μαζί με το περίπτερο. Και λέ**ω** μέσα μου, πά**ει**, πεθαίν**ω**. Εκεί ακού**ω** τη φωνή σου.»

Β. 1. Λ   2. Σ   3. Σ   4. Λ   5. Σ

Αργά το επόμενο βράδυ στο περίπτερο σελ. 45

Α. 1. β   2. α   3. β   4. α   5. α

Β. Μη μιλάς καθόλου. Κλειδώνεις και έρχεσαι μαζί μας τώρα αμέσως. Και δείχνεις ότι μας ξέρεις. Ότι είμαστε η παρέα σου.

Το ίδιο βράδυ στο σπίτι σελ. 46

Α. 1. Ο Γιωργής και η κυρία Σταυρούλα.   2. Δεν ξέρουν.   3. Ο Δημήτρης λέει ότι ο κυρ Μανόλης ήταν με τρεις άλλους σ' ένα τζιπ Niva.   4. Γιατί πριν μιάμιση ώρα στο τηλέφωνο, ο κυρ Μανόλης ήταν έτοιμος να κλείσει το περίπτερο.   5. Όχι, (θα περιμένουν να έρθει).

Β. 1β   2γ   3ε   4α   5δ

Η Ελένη και η Δάφνη στην Πάνω Πόλη σελ. 47

Α. 1. Λ   2. Σ   3. Σ   4. Λ   5. Σ

Β. 1. Η Πάνω Πόλη είναι πάντα ωραία, και με βροχή ακόμα. 2. Είναι ωραία στην ταβέρνα με το τζάκι. 3. Όλοι αυτοί οι μεζέδες είναι τέλειοι. 4. Δυστυχώς δεν μπορώ να φάω άλλο. 5. Την επόμενη φορά θα πάμε βόλτα στην παραλία.

Τα ξημερώματα σελ. 48

Α. 1. Σκάβουν ένα τούνελ. Έχουν μια πυξίδα. 2. Γιατί αρχίζουν δουλειά στα έργα του Μετρό. 3. Ψάχνουν να βρουν πλάκες χρυσού. 4. Δεν ξέρουν ακριβώς. 5. Οι πλάκες χρυσού είναι κάτω από το περίπτερο.

Β.

Α: «Με τον γέρο τι κάνουμε;»

Β: «Ωχ, είναι κι αυτός. Ε, μέχρι να τις βρούμε, θα τον κρατήσουμε.»

Α: «Αλλά, γιατί τον έχουμε εδώ;»

Β: «Ίσως είναι χρήσιμος.»

Α: «Σε τι;»

Β: Δεν ξέρω. Τώρα μου κάνεις την ερώτηση, ρε;»

Α: «Όχι, να... λέω, δηλαδή.»

Β: «Για να τον έχουμε εδώ, έτσι πρέπει.»

Α: «Ναι, έτσι πρέπει.»

Β: «Είμαι πολύ κουρασμένος. Πάω για ύπνο.»

Α: «Κι εγώ.»

Το επόμενο πρωί σελ. 49

Α. 1. Σ   2. Λ   3. Σ   4. Σ   5. Λ

Β. 1. φοβόμαστε   2. συμβαίνουν   3. κλαίτε
4. μαθαίνετε   5. θέλουν

Η κυρία Σταυρούλα στο περίπτερο σελ. 49

Α. 1. Εντάξει. Κλειδωμένο κανονικά.   2. Το κασκόλ, το σκουφί και την ομπρέλα του κυρ Μανόλη.   3. Γιατί ίσως κάτι θέλει να τους πει.   4. Θα πάρει τηλέφωνο εκείνος στην αστυνομία, γιατί έχει γνωστούς εκεί.
5. Γιατί πληρώνει και αυτά που αγόρασε χτες.

Β. 1. πάτωμα   2. βροχή   3. αστυνομία
4. οικογένειά   5. άνθρωπος

Ο κύριος Καραμπάτσος σελ. 50

Α. 1. Λ   2. Σ   3. Λ   4. Σ   5. Λ

Β. 1. περίεργος / περίεργη / περίεργο   2. ανήσυχος / ανήσυχη / ανήσυχο   3. μαύρος / μαύρη / μαύρο
4. αρκετός / αρκετή / αρκετό   5. καλός / καλή / καλό (καλοί /καλές / καλά)

Ένας άντρας σελ. 51
Η κυρία Σταυρούλα πέφτει σελ. 51

Α. 1. To Passport   2. Παίρνει χρήματα από το ΑΤΜ.
3. Το περίπτερο χάνεται (πέφτει μέσα στη γη).
4. Νομίζει ότι γίνεται πάλι σεισμός στη Θεσσαλονίκη.
5. Μέσα στη γη.

Β. 1. Πέφτω μαζί με το περίπτερο μέσα στη γη.
2. Το όνειρο βγαίνει αληθινό.   3. Μυρίζω σοκολάτες (που είναι στο πρόσωπό μου).   4. Ακούω φωνές;
5. Κλείνουν τα μάτια μου.

Ένας μηχανικός του Μετρό με έναν δημοσιογράφο σελ. 52

Α. 1. Ο κύριος Αποστολόπουλος δουλεύει (μηχανικός) στο Μετρό.   2. Δε φταίει μόνο το Μετρό, αλλά και το μικρό τούνελ ανάμεσα.   3. Το χώμα κάτω από το περίπτερο είναι μαλακό.   4. Το Μετρό θα πληρώσει το νοσοκομείο για την κυρία Σταυρούλα και για το περίπτερο.   5. Η ληστεία ήταν στην πρώτη σελίδα πριν από είκοσι χρόνια.

Β. Είναι περίεργο, αλήθεια. Δε φταίει όμως μόνο το Μετρό. Εμείς με τα μηχανήματα για το Μετρό είμαστε πολύ πιο κάτω από το περίπτερο. Βέβαια το χώμα είναι μαλακό σ' αυτό το μέρος. Όμως, το πρόβλημα ήταν και με το άλλο μικρό τούνελ ανάμεσα. Ξέρετε, αυτό για τις πλάκες χρυσού, που οι τρεις...

Στο νοσοκομείο σελ. 52

Α. 1. Λ   2. Σ   3. Λ   4. Λ   5. Σ

Β. είμαι, εδώ, περίπτερο, φορά, όνειρο, κεφάλι, πονάς, μέτρα, πράγματα, γιατροί, νοσοκομείο, σπίτι, είμαστε

Η κυρία Σταυρούλα στο σπίτι σελ. 54

Α. 1. Ποτέ στη ζωή μου δεν είχα τόσα λουλούδια. 2. Μια γλάστρα   3. Γιατί οι πλάκες χρυσού ήταν κάτω από το περίπτερο.   4. Γιατί η πυξίδα δείχνει λάθος (γιατί πιο κάτω υπάρχει πολύ μέταλλο). 5. Στο μικρό τούνελ καταλαβαίνει ο σκύλος τη μυρουδιά του κυρ Μανόλη και γαβγίζει.

Β. Που λες εκείνο το βράδυ με τη βροχή, εκεί που είμαι έτοιμος να φύγω, καταλαβαίνω ένα πιστόλι πίσω στο κεφάλι μου κι ακούω κάποιον να μου λέει να κλείσω το περίπτερο και να πάω μαζί του.

Όλοι στο πάρτι σελ. 54

Α. 1. Λ   2. Σ   3. Σ   4. Λ   5. Σ

Β. 1. Όλοι αυτοί θα είναι στο σπίτι μας κι εγώ θα είμαι σε μια καρέκλα.   2. Από αύριο ένα καινούργιο περίπτερο σας περιμένει στην Αριστοτέλους.   3. Η Τράπεζα θέλει να σας ευχαριστήσει για τις πλάκες χρυσού. 4. Δάφνη μου, η πίτα σου είναι τέλεια.   5. Θέλω να μου δώσεις τη συνταγή.

ΠΕΡΙΕΧΟΜΕΝΑ